AF226927

LE PEUPLE
DEVANT L'IMPOT

HIER ET AUJOURD'HUI

Par M. Oscar COUTELIER

Prix : 50 centimes.

DÉPOT

Chez MM. VITTE et LUTRIN, Libraires

7, Rue Mercière, LYON.

1877.

Nous devons aux communications bienveillantes, non moins qu'aux sympathiques encouragements de Madame Urquhart, de pouvoir présenter au public cette modeste esquisse.

La question si souvent débattue des nouveaux impôts, question qui, sous le nom d'impôt sur le revenu, tend à s'aggraver de nos jours, ayant surgi, l'année dernière, en Suisse, par suite des exigences sans cesse croissantes des armées trop considérables, fut formulée en un texte de loi, dite taxe d'exemption du service militaire, et votée par tous le députés fédéraux.

Le pays consulté la rejeta à la suite d'un vote général.

En nous signalant ce qu'avait d'extraordinaire, pour notre temps, un semblable résultat, Madame Urquhart portait ainsi son jugement « Voilà un exemple du danger d'une Assemblée législative et représentante élue de cette manière moderne. »

Pour donner plus de vie à ce modeste tableau, nous avons cru devoir rappeler succinctement les règles du suffrage et son fontionnement tel qu'il existait au moyen âge, tracer un aperçu sommaire de l'organisation communale, provinciale et nationale à cette époque trop peu connue et exposer enfin le mode dont on votait les impôts.

Par la comparaison des contrastes, l'on pourra mieux juger du caractère et du véritable progrès de l'une ou de l'autre des deux époques.

Qu'il nous soit permis d'ajouter combien beau, grand et fécond se présente le suffrage ancien, combien généreuse et exubérante de vie sociale et de sève chrétienne se montre cette époque trop peu connue, à l'encontre du système contemporain qui absorbe, sans intelligence, les intérêts de la communauté et étouffe la vie nationale en rendant stériles les plus heureuses capacités et les plus nobles initiatives.

Tournon-sur-Rhône,   février 1877.

Oscar COUTELIER.

CHAPITRE I.
Le peuple Suisse devant l'impôt.

La révolution, en accordant indistinctement à tous les citoyens le droit de vote, a rendu illusoire ce pouvoir du suffrage ; elle l'a rendu anti-social, en écartant la gratuité des charges publiques et la responsabilité légale, qui servaient jadis de correctif et de frein.

Les mandataires de la chose publique ne sortent plus des corps locaux mais des votes individuels ; ce sont des nomades qui, sans attache au sol, à la propriété, au régime communal, sous le nom dérisoire de majorités, les choisissent ; les véritables intéressés à la prospérité générale ne sont plus appelés à surveiller l'emploi des deniers fournis par chacun d'eux ; de là le désarroi financier de nos jours.

Les libertés communales, les libertés provinciales sont mortes ; l'arbitraire les remplace.

Vivant sous le régime abusif du nombre et forcée de subvenir aux frais plus onéreux que nécessitent les armées permanentes chaque jour plus formidables, la Suisse était obligée naguère de recourir à une loi d'exception pour combler le déficit de sa Caisse fédérale.

Une taxe d'exemption de service militaire avait été, longuement élaborée par ses représentants ; la loi, votée par tous les membres de la Chambre, n'exigeait pas mois que le paiement d'un huit pour cent sur le revenu des capitaux mobiliers et d'un six pour cent sur le revenu des immeubles, et cette taxe fixe ne possédait pas de maximum.

S'il fut une loi juste et équitable, celle-ci du moins en était loin ; elle répondait aussi peu aux qualités essentielles que doit posséder toute loi pour être telle, c'est-à-dire sociale, ainsi que le formule le Droit Pontifical : (1) « La loi humaine devra « être honnête, juste ; conforme à la loi naturelle ; praticable, en

_____

(1) Le Droit Pontifical par M. Defourny, Paris.

« harmonie avec les coutumes du pays ; convenable au temps
« et au lieu, nécessaire, utile, claire encore pour n'être un
« piège à personne ; édictée non dans un intérêt privé, mais
« pour l'avantage commun des citoyens. »

Aussi les majeurs, vivant dans le même ménage que leurs
parents, sont-ils taxés pour toute leur part éventuelle d'héri-
tage ; les majeurs, séparés de leurs parents, pour la moitié
de leur part éventuelle et comme pour ajouter la dérision à
l'injure, un article de cette loi frappe même les Suisses, qui
résident à l'étranger.

Sur quelle base établir l'impôt?

Comment le percevoir sur des nationaux résidant à l'étranger ? La loi n'en souffle mot.

Cependant, pour les astreindre à verser leur part dans la
Caisse fédérale, et en cas de non-paiement, les arriérés des
taxes leur seront gracieusement réclamés au moment du
retour dans la patrie et présentés comme don de joyeuse
rentrée.

Etabli en principe comme l'équivalant du service militaire,
la loi s'en écarte dès le début, afin de faire produire à la taxe
le plus possible ; c'est dans cette pensée, si chèrement cares-
sée, que les étrangers, établis en Suisse, sont sujets à la taxe,
quoiqu'ils soient exonérés, en vertu des traités internationaux,
de tout service militaire.

Les autorités cantonales sont chargées de l'établissement
du rôle des contribuables, de leur répartition dans les vingt-
une classes que fixe la loi et de la perception de l'impôt. Or,
d'après la *loi cantonale,* qui nous rappelle de loin le vote de
l'impôt librement consenti par les anciens Parlements, les
citoyens se *taxent eux-mêmes ;* mais, dans la *loi fédérale,* ce
principe n'est pas admis, on *taxe d'office.* Y a-t-il exagération
dans la taxe, il reste au plaignant la faculté d'appeler de cette
décision devant une commission cantonale nommée à cet
effet.

Dans les opérations des autorités .cantonales, la Confédé-
ration, jalouse de ses droits, est représentée par un délégué,
qui a voix délibérative, c'est-à-dire qu'il vote comme les
autres membres de la commission de taxation ; en outre, il a

le droit de faire des réquisitions *pour assurer l'application uniforme de la loi.*

Le gouvernement, par la voix de son organe, n'est-il pas satisfait de la manière de taxer des gouvernements cantonaux, il n'a qu'à demander la révision des taxes.

Dès que le délégué, en vertu de ses pouvoirs discrétionnaires, a fait appel comme d'abus, les taxes prononcées sont suspendues, ou en remet la fixation à une *commission fédérale de révision de neuf membres nommés par le gouvernement fédéral pour trois ans.*

Ainsi se joue la comédie !

La commission des neufs membres prononce souverainement, suivant son libre arbitre; ses décisions, qui ont force de chose jugée, doivent être exécutées par les gouvernements cantonaux.

Cependant le dernier mot n'est pas dit; la loi votée par les députés peut subir un échec devant le peuple resté juge en dernier ressort.

Comme il s'agit de le gagner à leur cause et de lui faire accepter leurs vues, les députés, *auteurs de la loi,* risum teneatis, convoquent, sous leurs auspices, des assemblées populaires et tout est mis en jeu pour le corrompre.

L'argent des exemptés sera-t-il sacrifié sur l'autel de la patrie ?

La voix de la raison ne parlera-t-elle pas, dans le cœur de ce peuple, plus haut que les clameurs bruyantes de ses tribuns ?

Ecoutons. Le Comité de Genève, dans un appel aussi juste que modéré, rétablit ainsi le sens des mots et des choses:
« La Constitution, dit-il, *veut que tout Suisse soit soldat.*
« Elle n'admet d'exemption qu'en faveur du citoyen *réformé*
« *pour pour cause d'infirmités dûment constatées,* et dans ce
« cas, elle le soumet au paiement d'une taxe militaire, qui
« doit être *l'équivalant du service.*
« La loi qui nous est soumise, méconnaît ce grand principe,
et, au lieu d'un équivalent, *elle établit un impôt exorbitant et*
« *sans proportion avec les charges du service militaire.*

« L'exemption forcée devient alors une mesure purement

« fiscale destinée à fournir des ressources au département militaire fédéral. »

C'était résumer en peu de mots l'esprit de la loi èt, la préciser dans ces termes, c'était y répondre par un refus évident.

Ainsi pensa le peuple, au jour de la votation générale, guidé par la voix du bon sens.

Il rejetait la loi dans la Suisse catholique, la Suisse romande, Appenzell, Berne, Saint-Gall, etc... infligeant, par son refus, un échec éclatant au Gouvernement fédéral et donnant à ses mandataires une haute leçon de justice.

Qu'ajouter encore à ce tableau, sinon que le rejet de cette loi arbitraire a beaucoup de rapport avec ces refus d'impôts, par lesquels les anciens parlements, gardiens des libertés publiques, manifestaient jadis leur mécontentement.

CHAPITRE II.
Le suffrage universel chez nos pères.

Un profond penseur catholique, Donoso Cortès, a écrit avec autant de justesse que de vérité : « La société ne périt que « parce qu'elle a retiré à l'Eglise sa parole qui est la parole « de vie.

Les nations, comme les individus, obligés, par devoir comme par intérêt, de donner à leur constitution une harmonie sociale, prirent à l'origine pour base de leurs rapports mutuels le Droit naturel ; plus tard leurs lois se multipliant, devinrent une face plus ou moins parfaite de ce droit, jusqu'à ce qu'enfin elles empruntèrent à l'Eglise le secret fécond de sa divine harmonie.

De là, sortit au moyen âge le suffrage universel basé sur le droit canonique ou pontifical et les bonnes coutumes, suffrage qui imprima à l'Occident ce magnifique mouvement de vie communale, provinciale et nationale qui fait le charme de cette époque généreuse, où le sujet et le roi, nés l'un pour l'autre, se prêtent constamment un mutuel appui, sans rien perdre de leur dignité réciproque et traitent en commun les grands intérêts de l'Etat.

Aussi, suivant l'heureuse expression d'un éminent publiciste de notre époque (1) « le gouvernement était-il *théocra-* « *tique* dans le monde des âmes, *démocratique* dans la com- « mune, *aristocratique* dans la province et *monarchique* dans « l'Etat et la société.

Ce cadre rationnel était le contrepied total de l'Etat moderne rêvé par les utopistes de ce siècle ; c'est là que réside le secret fécond de cette grande et glorieuse époque, dont la nôtre, sur plusieurs points, est loin d'atteindre le perfectionnement.

Dans la Commune, la famille qui est l'unité fondamentale de l'Etat et de la société, vit sous la direction de son chef naturel ; au jour du suffrage, c'est lui qui la représente ; gardien jaloux et le plus vigilant de ses intérêts, il est son mandataire traditionnel.

L'élection est *spontanée et sans brigues, le choix a lieu par acclamation générale ;* ainsi l'élu, qui *représente des intérêts, mais non des opinions,* n'est pas, comme de nos jours, le résultat du caprice ou de la passion, qui se trouvent par là même écartés, mais il devient l'expression permanente et naturelle de la raison et du bon sens.

L'électeur, libre de choisir parmi les divers membres présents à l'assemblée générale, tous chefs de famille, comme lui, nomme celui qui lui paraît mériter sa pleine confiance, soit par la bonne administration de ses propres affaires, soit par sa scrupuleuse probité ou son intelligence déjà éprouvée dans la gestion des affaires publiques, soit à cause de ces diverses qualités réunies le plus souvent dans un même sujet.

« Optimus elegatur ! » (2) dit le droit pontifical, le choix au plus digne ! »

---

(1) Le Play, la Réforme en Europe et le salut en France, Paris, 1875.
(2) Des principe du droit électoral par M. Defourny, Guérin, Bar-le-Duc.

Nos pères, fidèles dans la pratique à ce précepte salutaire, le mettent sans cesse d'accord avec le bon sens ; la candidature étant inconnue, la *liberté du suffrage est pleine et entière* et, digne de ce beau nom, elle ressort son effet calme et social.

Quel soin scrupuleux, quelle vigilance intelligente est apportée afin d'écarter toute influence étrangère, et obvier à toute intrigue qui vicierait les élections municipales, c'est ce qui éclate d'une manière éloquente, et à notre honte, dans ce passage d'un ouvrage fort remarquable : (1) « Les élections « municipales, y est-il rappelé, doivent être conférées par « l'élection *pure et sans brigue* ; afin de bannir toute pression, « les députés demandent que défenses soient faites au gou-« verneurs, capitaines des provinces, villes, citadelles et « chasteaux ou leurs lieutenants, ou à tous autres qui n'ont « point voix élective, de se trouver es lieux où se feront « lesdites élections, *ni de s'y entremettre directement ou* « *indirectement.* Enfin les élus esdites charges *devront avoir* « *dans la ville leur principal domicile, faute de quoi,* L'ÉLEC-« TION SERAIT CASSÉE DE PLEIN DROIT.

Quelle sévère condamnation de notre suffrage moderne si bruyant, si débraillé, si charlatanesque, que l'on nous passe le mot. En présence de mesures aussi sages que prudentes qui assuraient à nos pères la liberté complète du choix, qui n'admirerait ce jeu calme et ce souci jaloux de la dignité humaine jusque là ennoblie.

Point de candidature, tout chef de famille est éligible, nulle intrigue pour la bannir plus sûrement on prend de minutieuses précautions ; en outre l'élu, à l'encontre de ces candidats voyageurs que Paris place en province, comme si elle n'avait pas assez d'esprit pour en choisir, ni assez de talents dans son sein pour être dignement représentée ; l'élu ici est tenu *d'avoir son principal domicile dans la ville, faute de quoi l'élection est cassée de plein droit.*

Là du moins brille ce soin scrupuleux et jaloux d'écarter les entremetteurs et les intrigants, race vagabonde et tout

---

(1) Les Etats Généraux, Picot, Paris, tome 4ᵐᵉ

coureur de candidature, s'il s'en trouvait d'assez oublieux de leurs devoirs et de leur dignité personnelle pour s'y hasarder.

Ainsi l'élu est digne du choix qui l'appelle à remplir les fonctions municipales et l'électeur reste digne de lui-même.

Ajoutons que les dignités sont de véritables *charges gratuites*, qui obligent le dignitaire à une administration équitable, d'autant qu'il est sévérement contrôlé par les intéressés, et qu'il peut être poursuivi, *comme responsable*, si sa négligence laisse obérer la commune sous de folles dépenses, ainsi que cela se vit quelquefois à cette époque.

⁓⁓⁓

CHAPITRE III.

La vie communale, provinciale et nationale chez nos pères.

Pour donner une idée aussi juste que vrai du fonctionnement admirablement pondéré de la vie communale, provinciale et nationale chez nos pères, voyons ce qui se passait au nord et au midi de la France, dans ce que nous pouvons appeler ces trois unités, il y a complet épanouissement social sans aucun froissement ni tiraillement, tels qu'ils existent malheureusement de nos jours, et toutes les libertés ont leur jeu naturel dans le grand cadre de l'Etat.

Relativement au régime communal, règne au nord, dans un nombre considérable de villes et de villages, la Loy de Beaumont, (1) charte ou coutume qui fut, a dit M. Guizot, « la plus parfaite du moyen âge. »

Elle mentionne dès le début le suffrage universel en ces termes : « En cette ville, du consentement de nous tous seront établis des jurés et un mayeur. »

Le chef de famille, ou son représentant, la veuve ont le

___

(1) La Loy de Beaumont par M. Defourny.

droit de vote ; le fils en est exclu comme inhabile à représenter du vivant de son père, et les offices de mayeur, et de juré comprennent : « l'administration de la justice, haute,
« moyenne et basse, l'emploi des deniers de la ville, la
« collection des impôts ou revenus du Souverain, et la
« rédaction authentique des contrats. »

« Les fonctions des élus sont *gratuites,* les impôts fixés
« une fois pour toutes. les électeurs choisis par le peuple
« promettent et font serment de fidèlement procéder, sans
« hayne, faveur, profit ou maltallent qu'ils ayent à nully, à
« l'élection d'un maire, d'un lieutenant maire et six échevins,
« bourgeois dudit lieu, non parens ni alliez et non *reprocha-*
« *bles d'aucuns vices.*

Ainsi se trouvent sauvegardés tous les droits, tous les intérêts et toutes les dignités ! Atnsi se voit regie la commune dans une partie du nord de la France.

Si l'on porte ses regards vers le midi, on y retrouve le même esprit, la même organisation communale, sinon la même loi, les mêmes coutumes éminemment sociales et, ponr tout dire, la même harmonie féconde.

Écoutons sur ce sujet aussi intéressant que peu connu un judicieux écrivain (1) nous énumérer les conditions du suffrage, les obligations qui incombent à l'élu et la responsabilité légale qui plane sur ses actes.

1° « *Tout chef de famille propriétaire,* ayant un intérêt
« dans la communauté, à laquelle il est incorporé, est
« *électeur.*

« Il y est également éligible à la condition d'offrir les
« garanties nécessaires, par l'inscription d'une certaine
« valeur foncière au cadastre.

2° « Sont obligatoires, *sous peine d'amende,* le suffrage de
« tout chef de famille électeur, l'assiduité de tout chef de
« famille élu. Ce suffrage et cette assiduité sont considérés
« comme des *devoirs.*

« 3° Sont obligatoires, les fonctions locales auxquelles on a
« été nommé par le suffrage de ses concitoyens.

---

(1) Les familles et la société en France avaut la révolution, par Ch. de Ribbes, Paris, Joseph Albanel.

« 4° Ces fonctions sont temporaires, en sorte que tous
« aient leur part des charges et des honneurs.

« 5° *Tous sont responsables, les élus dans leurs personnes*
« *et dans leurs biens,* s'ils violent les lois, ou *administrent*
« *mal,* par leur faute, les finances locales ; les *électeurs* dans
« *leurs propriétés,* qui sont le gage des créanciers, si la
« communauté des habitants devient impuissante à payer. »

Heureux principes qui empêchent le gaspillage des finances, la vénalité des administrateurs et qui sont le frein le plus
salutaire imposé à des mandataires municipaux qui seraient
oublieux de leurs devoirs et négligents de la chose
publique.

Combien à notre époque, en présence d'une responsabilité
aussi sévère que juste, refuseraient de pareilles charges, qui
étaient acceptées jadis sous le serment de les remplir avec
équité.

Les charges publiques étant accessibles à tous, chacun
apporte, dans la vie publique, une part plus grande de con-
naissances pratiques ; c'est ainsi que se forment progressi-
vement de véritables pépinières d'hommes d'Etat.

Aussi le parlement de Provence peut-il écrire au Roi, le
17 février 1774, avec vérité : (1) « Chaque communauté
« parmi nous est une famille qui se gouverne elle-même,
« qui s'impose ses lois, qui veille à ses intérêts, l'officier
municipal en est le père. »

Ainsi la commune s'administre elle-même, veille à l'emploi
de ses deniers, sans avoir à subir, comme de nos jours, les
exigences multiples des agents salariés par l'Etat.

La province, qui a son budget et des élus qui veillent à sa
bonne administration, est régie à l'exemple de la commune ;
elle possède aussi ses réunions solennelles.

S'agit-il de désigner les mandataires qui devront représenter, devant l'Assemblée provinciale, les intérêts de la commune, les électeurs choisissent, de la même manière que pour
les mandataires municipaux, leurs délégués qu'ils investissent
d'une attribution parfaitement définie et stricte, dont il ne

---

(1) Les familles et la société en France, déjà cité.

leur est point permis, en conscience, d'outrepasser les limites ; ils lui remettent en même temps le cahier, qui contient les griefs ou propositions de toute sorte qu'il a mission de présenter aux Etats de la province,

Ce suffrage au *second degré* se donne ordinairement pour délégués les personnes les plus capables, par leur intelligence et leur aptitude, d'obtenir satisfaction aux vœux communs et c'est au chef-lieu du baillage que se tient l'assemblée générale de tous les délégués provinciaux.

De l'ensemble des doléances particulières on forme un nouveau cahier ; les députés choisissent, parmi eux, ceux qui auront pour mission de consacrer leurs efforts au triomphe des idées communes, de les défendre en entier devant les Etats Généraux et d'obtenir le redressement des griefs dont se plaint la communauté.

Dès ce moment les députés ne peuvent rien modifier à ce qui est contenu dans le cahier des doléances, sans l'autorisation de leurs commettants.

Ce suffrage au *troisième degré* amène, pour représentants, et défendeurs des besoins des communes de chaque province, aux grandes assises nationales, l'élite des délégués du pays, assurant par son choix judicieux le triomphe paisible des vœux légitimes.

Ici se présente l'admirable distribution des trois pouvoirs qui constituent le frein et le contre frein de la machine gouvernementale.

Le *pouvoir législatif*, inhérent aux Etats Généraux, discute les lois, dans ses longues séances, et les propose ensuite à la sanction du *pouvoir exécutif*.

Le *roi en son conseil*, telle est la formule antique qui sert de préambule à la sanction royale, ordonnance les lois qui lui paraissent utiles au bien général et le *pouvoir judiciaire*, qui réside dans les Parlements, enregistre les ordonnances du Souverain, qui dès ce jour ont force de loi dans toute l'étendue de l'Etat.

Chaque pouvoir a sa fonction définie, ce qui empêche toute confusion dans le gouvernement, lui donne plus de véritable liberté et plus d'harmonie féconde, prévient plus facilement les abus qui pourraient se glisser dans le corps social et les passions populaires qui tendraient à s'élever contre eux et à prévaloir au détriment du bien public.

CHAPITRE IV.
Nos pères devant l'impôt.

C'est dans les longues et souvent laborieuses séances des Etats Généraux que se traitent les questions d'impôts de diverse nature ; aucun ne peut être fixé et établi d'une manière définitive, sans *l'assentiment préalable des députés*, car le *vote de l'impôt* est le seul pouvoir immédiat que leur confère leur charge.

Si, dans le cours des séances, il surgit une question nouvelle et imprévue, leur embarras devient extrême, par suite du mandat limité dont ils se savent investis.

Dans cette société formée d'hommes doués d'une intelligence active, le gouvernement, véritable prolongement de l'autorité paternelle, est un régime essentiellement mixte ; les idées mises en commun sont débattues par tous, modifiées par l'accord mutuel et exécutées suivant la volonté générale.

Ainsi l'harmonie sociale s'épanouit largement au souffle généreux de ce contact bienfaisant et les intérêts de la nation, mieux compris, sont réalisés dans le sens de leurs légitimes aspirations.

Les demandes d'impôts nouveaux sont-elles justifiées, les députés aux Etats généraux les acceptent et les votent ; paraissent-elles exagérées, ils les écartent.

Qu'il nous soit permis de citer deux exemples éloquents qui trouvent ici leur place naturelle ; ils nous feront mieux comprendre l'esprit qui présidait à ces solennelles séances.

Le 28 février 1483, les Etats étaient assemblés à Tours ; les agents du fisc avaient soulevé la question des nouveaux impôts ; Masselin, député de Rouen se lève pour y répondre

Il prend, pour texte de son discours, un texte qui peut s'appliquer à tous les temps : (1) « Celui qui est supérieur au monde par sa situation, doit lui être supérieur en sollicitude.

Rappelant à Charles VIII ses grands devoirs de roi à l'égard des sujet, dont la divine Providence lui a confié la garde, Masselin les lui résume en ces courtes paroles : « Il doit, lui « dit-il, mettre son honneur à imiter les glorieuses actions des « rois ses prédécesseurs. Trouve-t-il l'Etat surchargé de « contributions, ou les payant sans nécessité, il est de sa « justice de les supprimer jusqu'à la dernière, ou du moins « de les modérer.

« En agissant ainsi, il ne fait ni grâce ni courtoisie au peu- « ple, *mais il accomplit un devoir de justice;* parler de grâce serait abuser des mots. »

Ainsi parlait jadis un député du clergé, qui n'admirerait un si digne et si beau langage.

Ecoutons encore Philippe Pot, sénéchal de Bourgogne, seigneur de la Roche, tenant un aussi ferme langage devant les mêmes Etats de Tours : « Il est constant, dit-il que la « royauté est une dignité, et non la propriété du prince : « l'histoire raconte qu'à l'origine le peuple souverain créa les « rois par son suffrage, et qu'il préféra particulièrement les « hommes qui surpassaient les autres en vertu et en habileté. « En effet, c'est dans son propre intérêt que chaque nation « s'est donnée un maître. Les princes ne sont pas revêtus « d'un immense pouvoir, afin de s'enrichir aux dépens du « peuple, *mais pour enrichir l'Etat et le conduire à de* « *meilleures destinées.*

« S'ils font quelquefois le contraire, ce sont des tyrans et « ils ressemblent à des pasteurs, qui, loin de défendre leurs « brebis, les dévoreraient comme des loups cruels. *Il* « *importe donc extrêmement au peuple quelle loi et quel* « *chef le dirige; si le roi est bon,* LA NATION GRANDIT ; *s'il est* « *mauvais,* ELLE S'APPAUVRIT ET S'ABAISSE.

« Qui ne sait et qui ne répète que l'Etat est la chose du

---

(1) Picot, Etats Généraux.

« peuple. S'il en est ainsi comment le peuple pourrait-il
« en abandonner le soin.....

« Le peuple a deux fois le droit de diriger ses affaires,
« parce qu'il est le maître et parce qu'il est toujours victime,
« en dernière analyse, *d'un mauvais gouvernement.... Il n'a*
« *pas le droit de régner, mais il a le droit d'administrer le*
« *royaume* par ceux qu'il a élus. *J'appelle peuple, non*
« *seulement la plèbe, mais encore tous les hommes de chaque*
« *ordre,* à ce point que, sous le nom d'Etats Généraux, je
« comprends *même les princes.*

« Vous êtes ici, disait-il encore aux députés, pour dire et
« pour conseiller librement ce que, par l'inspiration de Dieu
« et de votre conscience, vous croirez utile au pays. »

Voila le résumé du discours que prononçait, il y a près de
quatre siècles, non pas un député mécontent, sorti de la
classe plébéïenne, mais un gentilhomme filleul de Philippe le
Bon.

De tels exemples n'étaient pas isolés, bien au contraire et
de telles opinions se produisaient fréquemment au sein des
Etats.

Ainsi s'alliait jadis, pendant les longs débats des affaires
publiques, le respect dû au prince et la noble indépendance
de langage nécessaire au député, sans blesser ou amoindrir
en rien le caractère et la dignité de l'un et de l'autre.

Ainsi le roi savait et pouvait satisfaire promptement les
légitimes demandes de son peuple, et embrasser, dans ses
réformes, toute la série des doléances formulées dans les
cahiers des Etats, comme on le vit sous Henri IV.

Mais aujourd'hui qui peut savoir ?

Quels moyens reste-t-il au peuple pour faire parvenir à ses
gouvernants, d'une manière sérieuse l'écho de ses plaintes
les mieux fondées et en obtenir satisfaction ?

Aucun.

CONCLUSION

Le meilleur remède pour obvier aux abus de nos jours, ne serait-il pas de restaurer en France les saines traditions du passé mises en oubli, suivant en cela l'exemple des Anglais, qui jadis nous en tracèrent la voie, et de demander, à l'ancien suffrage, honnêtement pratiqué et à de sages réformes dans les diverses branches de l'administration, le secret des économies futures ?

C'est en cela que se résume le réveil de l'esprit public pour ses propres affaires ; là réside le secret du relèvement des nations de l'Europe, si, avec ces saines traditions, elles veulent restaurer chez elles les préceptes éternellement féconds du Décalogue, dont l'oubli est la cause première des maux qui pèsent sur toute la société.

Tournon, impr. J. Parnin.

TABLE DES MATIÈRES